Luca Prezzi

Android2Chrome

AF154003

Luca Prezzi

Android2Chrome

**Un'applicazione distribuita per condividere risorse
Web tra dispositivi mobili e pc**

Edizioni Accademiche Italiane

Impressum / Stampa
Bibliografische Information der Deutschen Nationalbibliothek: Die Deutsche Nationalbibliothek verzeichnet diese Publikation in der Deutschen Nationalbibliografie; detaillierte bibliografische Daten sind im Internet über http://dnb.d-nb.de abrufbar.
Alle in diesem Buch genannten Marken und Produktnamen unterliegen warenzeichen-, marken- oder patentrechtlichem Schutz bzw. sind Warenzeichen oder eingetragene Warenzeichen der jeweiligen Inhaber. Die Wiedergabe von Marken, Produktnamen, Gebrauchsnamen, Handelsnamen, Warenbezeichnungen u.s.w. in diesem Werk berechtigt auch ohne besondere Kennzeichnung nicht zu der Annahme, dass solche Namen im Sinne der Warenzeichen- und Markenschutzgesetzgebung als frei zu betrachten wären und daher von jedermann benutzt werden dürften.

Informazione bibliografica pubblicata da Deutsche Nationalbibliothek (Biblioteca Nazionale Tedesca): la Deutsche Nationalbibliothek novera questa pubblicazione su Deutsche Nationalbibliografie. Dati bibliografici più dettagliati sono disponibili in internet al sito web http://dnb.d-nb.de.
Tutti i nomi di marchi e di prodotti riportati in questo libro sono protetti dalla normativa sul diritto d'Autore e dalla normativa a tutela dei marchi. Questi appartengono esclusivamente ai legittimi proprietari. L'uso di nomi di marchi, di nomi di prodotti, di nomi famosi, di nomi commerciali, di descrizioni dei prodotti, ecc. anche se trovati senza un particolare contrassegno in queste pubblicazioni, sono considerati violazione del diritto d'autore e pertanto non possono essere utilizzati da chiunque.

Coverbild / Immagine di copertina: www.ingimage.com

Verlag / Editore:
Edizioni Accademiche Italiane
ist ein Imprint der / è un marchio di
OmniScriptum GmbH & Co. KG
Heinrich-Böcking-Str. 6-8, 66121 Saarbrücken, Deutschland / Germania
Email / Posta Elettronica: info@edizioni-ai.com

Herstellung: siehe letzte Seite /
Pubblicato: vedi ultima pagina
ISBN: 978-3-639-77107-7

Indice

Introduzione 3

1. Il sistema operativo Android 5

   1.1. Componenti principali utilizzate di una applicazione 5

   1.2. Rivoluzione dei touch screen 11

2. Le estensioni del browser di Google Chrome 12

3. Breve descrizione del progetto 14

   3.1. Le applicazioni simili 15

      3.1.1. AirPlay di Apple 15

      3.1.2. Phone 2 Google Chrome™ browser per Android 15

4. L'applicazione realizzata 16

   4.1. Android2Chrome app 17

      4.1.1. Idea iniziale 17

      4.1.2. Il progetto finale 17

      4.1.3. Funzionamento 18

      4.1.4. Le classi 22

   4.2. Android2Chrome estensione del browser Chrome 34

      4.2.1. Funzionamento 35

      4.2.2. I file 36

   4.3. Web Server 45

5. Installazione 52

6. Strumenti di sviluppo 53

   6.1. PHP 53

   6.2. HTML 56

6.3. CSS 57

6.4. MySQL e SQL 59

6.5. AJAX 61

6.6. jQuery 63

6.7. JSON 64

6.8. Java per Android 67

7. Test 69

8. Miglioramenti futuri e conclusioni 71

Indice immagini 72

Bibliografia 75

Introduzione

Gli smartphone sono ormai diventati fondamentali nella nostra vita quotidiana. Hanno completamente rivoluzionato le modalità, ma soprattutto, il fine d'uso di quello che era una volta un semplice cellulare con cui si poteva solo chiamare e mandare messaggi. Oggi si possono scaricare giochi, programmi e tante altre cose, rendendolo sempre più simile ad un computer. Ma, la più importante rivoluzione che questi dispositivi hanno portato nel mondo, è stata quella di dar la possibilità, a chi ne è in possesso, di essere connessi in rete sempre e ovunque: tramite una connessione WiFi o tramite la rete mobile.

Cosa c'è di più bello che poter ricercare informazioni o contenuti multimediali direttamente dal proprio dispositivo? L'unico problema che si pone in questo caso è dato dalla raffigurazione dei contenuti sullo schermo che non sempre sono facilmente visualizzabili dal dispositivo mobile. Ad esempio se visitiamo una pagina web contenente delle foto o dei video, potremmo essere interessati a visualizzarle in dimensioni maggiori per poterli apprezzare meglio.

Lo scopo dell'applicazione è proprio quello di fornire una soluzione a questo problema, rendendo più facile la condivisione di risorse tra smartphone e pc.

Per rendere possibile tutto questo, il progetto da me realizzato è composto in tre parti.

Per prima cosa è stata creata una applicazione Android che si occupa di condividere le risorse web che l'utente vuole visualizzare sul pc. La seconda è una estensione per il browser Google Chrome, che si occupa di recuperare le risorse condivise dall'applicazione e visualizzarle all'utente in una nuova scheda del browser. Infine è stato creato il web server, tramite il quale le due applicazioni sopracitate riescono a comunicare fra loro.

Nel primo capitolo descrivo brevemente la storia di Android e definisco in dettaglio le componenti principali che sono state utilizzate nel progetto di una sua applicazione.

Nel secondo capitolo presento le estensioni per Google Chrome e le loro funzioni.

Nel terzo capitolo descrivo brevemente il progetto realizzato e le applicazioni simili già presenti sul mercato.

Nel quarto capitolo spiego come ho realizzato l'applicazione Android, l'estensione di Google Chrome, il web server nonché i problemi che ho riscontrato all'inizio della fase di progettazione.

Nel quinto capitolo descrivo la procedura di installazione del progetto realizzato.

Nel sesto capitolo elenco e espongo brevemente gli strumenti di sviluppo utilizzati per realizzarlo.

Nel settimo capitolo descrivo i tipi di test che sono stati effettuati sulle componenti dell'applicazione.

Infine, nell'ottavo capitolo, elenco i miglioramenti che dovranno essere apportati al progetto e le conclusioni.

1. Il sistema operativo Android

Android Inc. è stata fondata a Palo Alto (California) nell'ottobre 2003, con l'obbiettivo di sviluppare, a detta di uno dei fondatori, "dispositivi cellulari più consapevoli della posizione e delle preferenze del loro proprietario".

Il 17 agosto 2005 Google ha acquisito l'azienda per poter entrare nel mercato della telefonia mobile.

Nacque così Android, un sistema operativo basato su Linux, disegnato principalmente per smartphones e tablet, sviluppato da Google in collaborazione con L'Open Handset Alliance (OHA), una alleanza tra Google e numerose importanti aziende del settore.

La presentazione ufficiale del "robottino verde" venne fatta il 5 novembre del 2007, ma dovettero attendere fino al 23 settembre 2008 per il lancio della prima versione **1.0 Apple Pie**.

Google rilasciò i sorgenti di Android come **open source** sotto **licenza Apache**.

La versione corrente di questo sistema operativo è la **4.1.2 Jelly Bean** ed è in fase di rilascio la versione **4.2** minor update di **Jelly Bean**.

1.1. Componenti principali utilizzate di una applicazione

Un'applicazione presenta al suo interno diversi tipi di componenti. Nei prossimi due paragrafi presenterò i tre principali che ho utilizzato per la creazione di questa applicazione:

- Activity.
- Intent.
- AsyncTask.

Le Activity

Una activity contiene l'interfaccia grafica con cui l'utente interagisce con la nostra applicazione. Per far sì che possa funzionare correttamente è necessario implementare almeno questi due metodi della classe Activity:

- **onCreate(Bundle)** è dove viene inizializzata l'applicazione. Qui, tramite la chiamata di **setContentView(int)**, è possibile definire l'interfaccia grafica dell'activity. Il parametro passato è appunto un indice che definisce il tipo di layout che si vuole che l'activity abbia.

- **onPause()** viene chiamato quando l'utente sta lasciando l'activity. Qui sarà possibile decidere le azioni da intraprendere in questo caso.

Il ciclo di vita di una activity

Nel sistema le activity sono gestite come uno stack di activity. Quando ne viene fatta partire una è posizionata sul top dello stack e diventa una activity in esecuzione. Le precedenti activity rimangono al disotto e non ritorneranno in cima finché la nuova non verrà chiusa.

Una activity ha essenzialmente quattro stati:

- *attiva* se è in primo piano (sul top dello stack).

- in *pausa* se ha perso il focus, ma è ancora visibile. In questo stato è ancora viva, ma il sistema può decidere di chiuderla in caso di mancanza di memoria libera.

- *stoppata* se è completamente oscurata da un'altra. Tutte le informazioni che contiene sono conservate anche se non è più visibile dall'utente. In questo caso il sistema potrebbe spesso decidere di chiuderla quando la memoria necessita altrove.

- se una activity è in pausa o se è stoppata, il sistema può terminarla chiamando il metodo **finish()**, oppure semplicemente terminando il processo. Quando è mostrata di nuovo all'utente, dovrà essere completamente riavviata ripristinando il suo stato precedente.

Il seguente diagramma mostra gli stati importanti di una activity e le transizioni tra uno stato ed un altro.

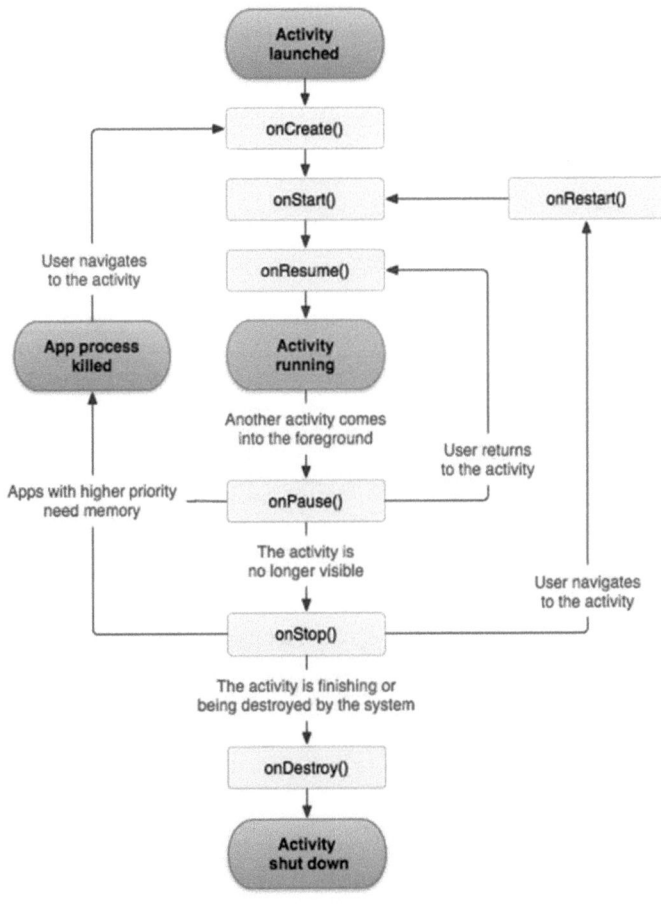

Figura 1: ciclo di vita di una Activity

Gli Intent

Un intent è una descrizione astratta di una operazione da eseguire. Può essere usato con il metodo **startActivity** per lanciare un **Activity.broadcastIntent,** per mandarlo ad ogni **BroadcastReceiver** interessato o può essere utilizzato per comunicare con servizi in background.

Il suo uso più significativo è quello per il lancio di activity, dove può essere pensato come "collante" tra activity. È essenzialmente una struttura dati passiva contenente una descrizione astratta di una azione che deve essere eseguita. I principali pezzi di informazione presenti in un intent sono:

- **action**: l'azione che deve essere eseguita.
- **data**: i dati su cui operare, come record in un database, espresso con un **Uri**.
- **category**: offre informazioni addizionali sull'azione da eseguire.
- **type**: indica il tipo esplicito dei dati contenuti nell'intent.
- **component**: specifica un nome esplicito di una classe da usare per l'intent. Di solito è determinato guardando le altre informazione nell'intent e deve combaciare con un componente che può gestirlo.
- **extras**: è un **Bundle** di qualsiasi informazione addizionale. Può essere usato per fornire informazioni aggiuntive al componente che deve gestirlo.

Gli AsyncTask

Gli AsyncTask consentono un uso corretto e semplice degli UI thread. Questa classe permette di eseguire operazioni in background e pubblicare i risultati sull'interfaccia principale, senza utilizzare thread o handler. Sono progettati per essere una classe di supporto tra i thread e gli handler. Dovrebbero idealmente essere usati per operazioni brevi.

Un task asincrono è definito da una operazione che viene eseguita da un thread in background e il cui risultato è pubblicato nell'UI thread. È definito da tre tipi generici, chiamati **Params, Progress** e **Result**, e quattro metodi, chiamati **onPreExecute**, **doInBackground**, **onProgressUpdate** e **onPostExecute** eseguiti in 4 situazioni differenti.

I tre tipi dell'AsyncTask

I tre tipi usati dall'AsyncTask sono i seguenti:

1. **Params**, il tipo dei parametri spediti al task prima dell'esecuzione.
2. **Progress**, il tipo di unità dell'avanzamento pubblicato durante la computazione in background.
3. **Result**, il tipo del risultato della computazione in background.

Non sempre sono usati tutti e tre i tipi, in questo caso, per segnarne uno non usato, bisogna semplicemente usare il tipo **Void**.

I quattro passi

Quando un AsyncTask viene fatto partire, esegue la chiamata di quattro metodi nei relativi step in cui passa:

1. **onPreExecute()**, invocato sull'UI thread immediatamente dopo l'esecuzione del task. Questo metodo normalmente è utilizzato per inizializzare il task o per visualizzare una progress bar nell'interfaccia dell'utente.

2. **doInBackground(Params...)**, invocato sul thread in background immediatamente dopo la fine dell'esecuzione della **onPreExecute()**. È utilizzato per eseguire computazioni in background che possono durare parecchio tempo. I parametri dell'AsyncTask sono passati a questo metodo. Il risultato della computazione deve essere ritornato e potrà essere passato all'ultimo metodo invocato. Può anche utilizzare **publishProgress(Progress...)** per pubblicare una o più unità di avanzamento. Questi valori sono pubblicati sull'UI thread, nel passo tre dal metodo **onProgressUpdate(Progress...)**.

3. **onProgressUpdate(Progress...)**, è invocato dell'UI thread dopo una chiamata di **publishProgress(Progress...)**. Il tempo di esecuzione non è definito. Questo metodo è usato per visualizzare un qualsiasi form di progresso nell'interfaccia utente mentre l'operazione in background è in esecuzione. Può essere usato per animare una progress bar o mostrare un log testuale.

4. **onPostExecute(Result)**, è invocato sull'UI thread alla terminazione dell'operazione in background.
Il risultato della **doInBackground(Params...)** è passato a questo metodo come parametro.

1.2. Rivoluzione dei touch screen

Gli schermi tattili sono particolarmente diffusi fin dagli anni '80 in vari dispositivi, dotati di schermo, destinati ad un uso intenso da parte del pubblico, quali i bancomat o gli sportelli informativi. È solo a partire dai primi anni del XXI secolo che i dispositivi con schermo tattile conoscono una vera diffusione, grazie a soluzioni in dispositivi mobili quali l'iPhone, il Nintendo DS, i navigatori satellitari, gli UMPC o i vari telefonini cellulari e smartphone.

Con la diffusione di questi dispositivi e con l'aumentare della richiesta del pubblico, gli schermi tattili sono stati inseriti in modo intensivo anche in dispositivi portatili più grandi, come i tablet PC o i tablet computer.

Anche il campo dell'editoria, seguendo la tendenza informatica, inizia ad utilizzare software che permettono lo sfogliamento direttamente da schermo.

2. Le estensioni del browser di Google Chrome

Le estensioni sono funzioni extra che si possono aggiungere facilmente a Google Chrome. Utilizzando le estensioni si può personalizzare Google Chrome con le funzioni desiderate, mantenendo il browser libero da altri elementi che occupano spazio ma non servono. Alcuni esempi di quello che si può fare con le estensioni sono riportati di seguito:

- **Ricevere informazioni aggiuntive su una pagina**

    Le estensioni possono migliorare la pagina visualizzata con link e informazioni pertinenti. Ad esempio, con l'estensione **Select to get maps**, puoi evidenziare un indirizzo nella pagina per ottenere subito indicazioni stradali e link alla mappa.

Figura 2: estensione Select to get maps

- **Ricevere notifiche tempestive**

    Alcune estensioni aggiungono dei pulsanti accanto alla barra degli indirizzi per informarti di alcuni eventi. Ad esempio, **Google Avvisi email** serve per ricevere avvisi quando arrivano nuove email.

Figura 3: estensione Google Avvisi email

- **Svolgere operazioni con meno clic**

Le estensioni possono avere la stessa funzione dei collegamenti. Ad esempio, se si utilizza un lettore di feed, l'estensione **Iscrizioni RSS** ti consente di sapere se esiste un feed per il sito visualizzato. Si può far clic sull'icona visualizzata nella barra degli indirizzi per iscriversi rapidamente al feed.

Figura 4: estensione Iscrizioni RSS

3. Breve descrizione del progetto

L'applicazione realizzata, **Android2Chrome**, permettere di condividere, la posizione attuale tramite l'applicazione Maps, un video da YouTube, o le pagine che si stanno visualizzando sul browser dello smartphone, direttamente sul browser Google Chrome installato sul pc, grazie ad una estensione appositamente creata.

L'applicazione è sviluppata per le versioni Android dalla **2.2 Froyo** e superiori. È stata fatta questa scelta, poiché, questa versione pur essendo un po' datata, assieme alla **2.3 Gingerbread,** è ancora tra le più utilizzate sui dispositivi attualmente in commercio.

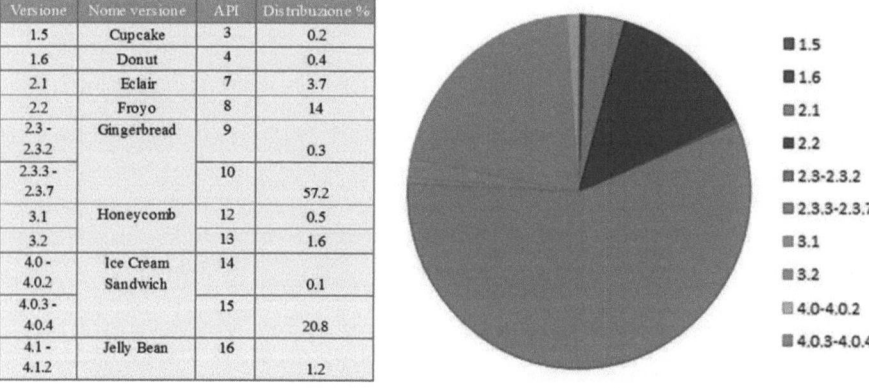

Versione	Nome versione	API	Distribuzione %
1.5	Cupcake	3	0.2
1.6	Donut	4	0.4
2.1	Eclair	7	3.7
2.2	Froyo	8	14
2.3 - 2.3.2	Gingerbread	9	0.3
2.3.3 - 2.3.7		10	57.2
3.1	Honeycomb	12	0.5
3.2		13	1.6
4.0 - 4.0.2	Ice Cream Sandwich	14	0.1
4.0.3 - 4.0.4		15	20.8
4.1 - 4.1.2	Jelly Bean	16	1.2

■ 1.5
■ 1.6
■ 2.1
■ 2.2
■ 2.3-2.3.2
■ 2.3.3-2.3.7
■ 3.1
■ 3.2
■ 4.0-4.0.2
■ 4.0.3-4.0.4

Figura 5: versioni di Android installate ai primi di Settembre 2012

Mantenere un target più basso permette quindi di raggiungere una maggior quantità di utenti.

L'idea che mi ha portato alla realizzazione del progetto è nata dal fatto che chiunque può aver bisogno, per lavoro, o per divertimento, di visualizzare in dimensioni più grandi quello che si sta guardando sullo schermo del proprio telefonino.

Il mondo Apple è già dotato di questa tecnologia, l'**AirPlay**, che descrivo nel prossimo paragrafo.

Nel mondo Android, invece, esiste una sola applicazione che svolge questo compito, **Phone 2 Google Chrome™ browser per Android**, analizzerò in seguito anche questa possibilità che ci viene offerta per il nostro "robottino verde".

3.1. Le applicazioni simili

3.1.1. AirPlay di Apple

Come anticipato nel paragrafo precedente, passo ad analizzare il funzionamento della tecnologia di condivisione messa a disposizione da Apple ai propri utenti, l'AirPlay.

Vediamo cos'è necessario per abilitarlo:

- Una rete Wi-Fi alla quale essere connessi.
- Un iDevice o un Mac.
- Una Apple TV o un AirPort o delle casse che siano compatibili con questa tecnologia.

In questo modo si può eseguire via WiFi sia musica che video e si potranno anche mostrare agli amici le foto "in grande".

Figura 6: logo della tecnologia AirPlay di Apple

3.1.2. Phone 2 Google Chrome™ browser per Android

L'applicazione innanzitutto, richiede la registrazione con l'account Dropbox.

Una volta che l'utente è registrato e ha a disposizione un link, o delle fotografie da condividere con il vostro Browser, Phone 2 Google Chrome salverà l'indirizzo all'interno della cartella di Dropbox precedentemente creata sul telefono. A questo punto basta cliccare sul tasto dell'estensione del browser Chrome e il link sarà aperto in una nuova scheda.

Figura 7: logo di Phone 2 Google Chrome™ browser

4.   L'applicazione realizzata

La differenza che si ha con l'applicazione sopracitata, consiste nella registrazione.

Mentre in Phone 2 Google Chrome è necessario avere un account su Dropbox per poter accedere al servizio, Android2Chrome richiede una semplice registrazione sull'estensione, senza dover avere account di terze parti.

Possiede invece lo stesso pregio di Phone 2 Google Chrome, ovvero, a differenza dell'AirPlay di Apple, è possibile condividere le risorse web non solo all'interno della stessa rete WiFi, ma da qualsiasi posto in cui ci si trovi.

Figura 8: logo Android2Chrome

4.1. Android2Chrome app

Inizio adesso a presentare l'applicazione realizzata.

Non avendo mai affrontato questo tema, conoscere e comprendere il funzionamento dell'architettura del sistema di Android e delle librerie messe a disposizione dall'SDK che potevano essermi utili, è stata la difficoltà principale che ho incontrato nello sviluppare questa applicazione.

4.1.1. Idea iniziale

L'idea iniziale del progetto era quella di mandare per email la pagina che si voleva visualizzare sul pc e, tramite l'estensione del browser, andarla in seguito a recuperare per visualizzarne il contenuto.

Questa idea è stata poi scartata a favore di quella realizzata, poiché comprometteva di parecchio la velocità di esecuzione dell'applicazione.

4.1.2. Il progetto finale

Il principio alla base del sistema realizzato è dunque notevolmente diverso da quello iniziale, ma così facendo è stato possibile creare una applicazione molto più leggera e performante.

Che tipo di sistema è stato quindi usato? È stato utilizzato un **sistema Client-Server.** Il client è il telefonino, che, tramite l'applicazione, comunica con il server inviando con una richiesta **http** il link della pagina al web server.

Il server si incaricherà di andarlo a salvare nel database in corrispondenza della email che lo ha inviato.

In seguito andrò ad analizzare le operazioni del web server.

4.1.3. Funzionamento

Come funziona questa applicazione?

Alla prima apertura dell'applicazione viene richiesta l'email che si vuole utilizzare per condividere i link, visualizzando gli account attivi presenti nel sistema. Fatto questo basta aprire il browser del telefono, andare sulla pagina che si vuole visualizzare sul pc, premere il tasto menu dell'applicazione, scegliere l'opzione "condividi" e, dalla lista di applicazioni che si apre, scegliere Android2Chrome.

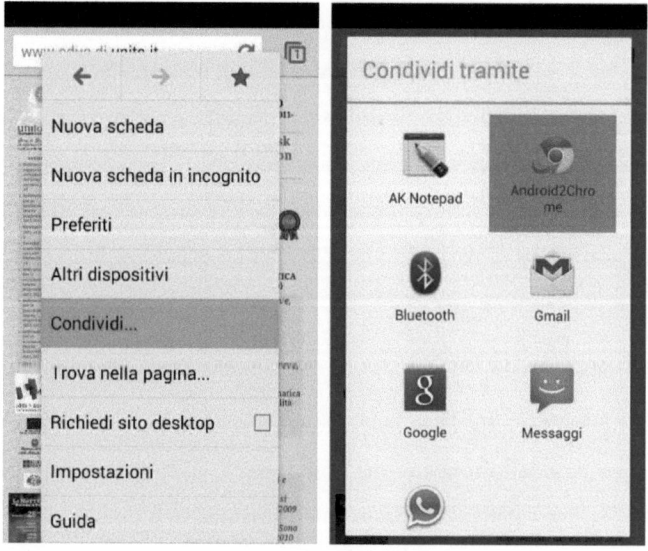

Figura 9: a sinistra, scelta opzione "condividi" dal menu, a destra, scelta dell'applicazione "Android2Chrome"

Seguendo questa procedura si aprirà in automatico l'applicazione con, all'interno della TextView presente nella schermata principale, l'indirizzo della pagina che si vuole condividere.

Figura 10: schermata dell'applicazione pronta alla condivisione

A questo punto basterà far scorrere verso l'alto l'oggetto contenente l'indirizzo, tramite uno slide sullo schermo, per "lanciare" il link all'estensione.

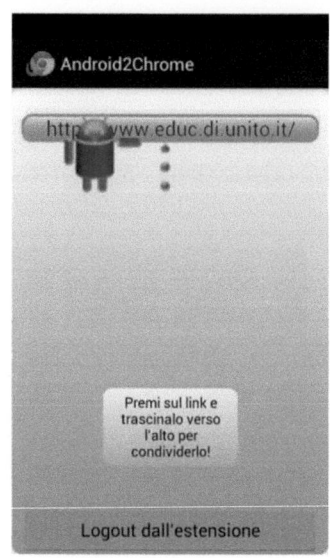

Figura 11: schermata durante il trascinamento del link

La schermata visualizzata dall'utente al momento dell'invio sarà la seguente:

Figura 12: schermata all'invio del link

Se l'invio è andato a buon fine, il messaggio visualizzato sarà il seguente:

Figura 13: schermata di invio con successo

Nel caso in cui l'utente avesse tentato di condividere un link, senza essersi ancora registrato sull'estensione, il messaggio sarà invece:

Figura 14: schermata di errore di invio link

Nel paragrafo successivo analizzo le 8 classi java che sono presenti nel progetto da me realizzato.

4.1.4. Le classi

L'applicazione è formata da 8 classi java:

- SplashScreen
- MainActivity
- CheckEmail
- SendUrl
- Logout
- ConnectionManager
- Tutorial
- MyPagerAdapter

Il diagramma che segue mostra nel globale come comunicano tra di loro le classi.

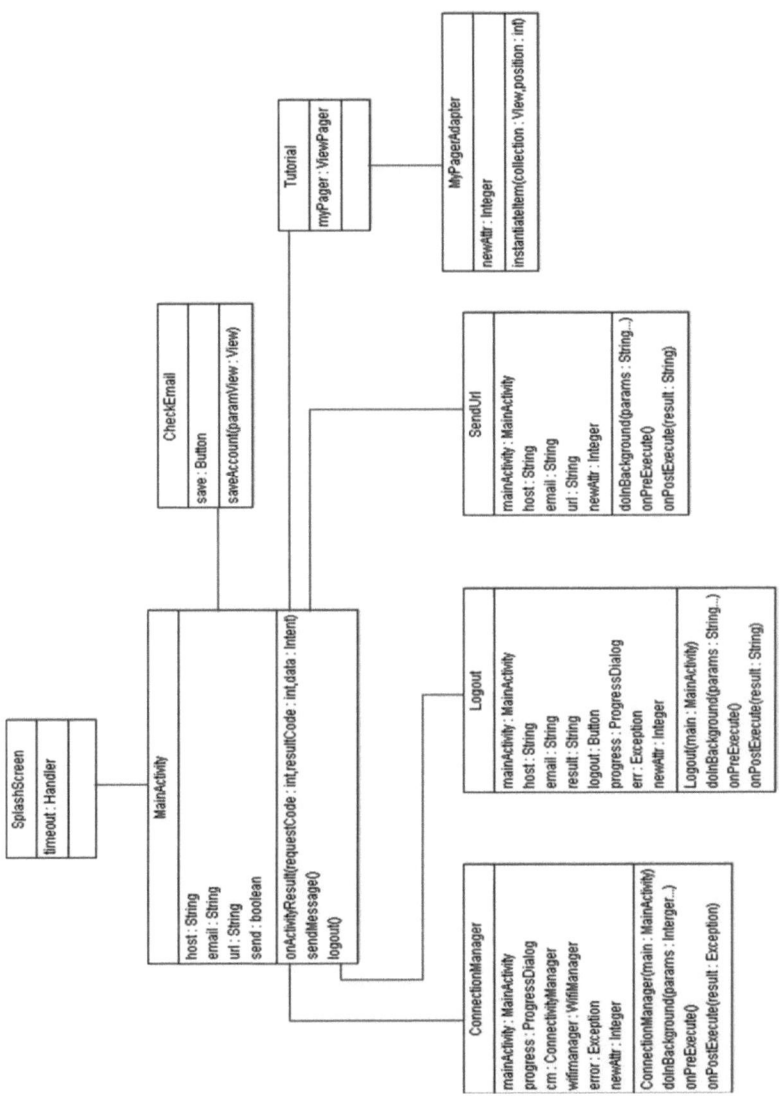

Figura 15: class diagramm dell'applicazione Android

Brevemente descrivo la comunicazione tra le activity.

SplashScreen viene fatta partire all'avvio dell'applicazione e si occupa di eseguire MainActivity. Quest'ultima richiama la CheckEmail "se necessario".

Se è la prima volta che l'utente apre l'applicazione, sarà creata la classe Tutorial, che si incaricherà di visualizzare un tutorial sull'applicazione.

Terminata la visualizzazione del tutorial, MainActivity richiama l'activity ConnectionManager, che verifica la presenza di una connessione attiva sul dispositivo ed in caso contrario chiedi all'utente quale attivare.

Terminata di questa activity l'applicazione è pronta per l'utilizzo.

Se è stata aperta senza aver condiviso nessuna risorsa, sarà visualizzato un messaggio che indica all'utente di cercare un link da condividere.

Nel caso in cui l'utente stia condividendo un link, potrà far scorrere verso l'alto la TextView contente l'indirizzo da inviare al pc, dove, una volta raggiunto il "punto di invio", avvia il metodo sendMessage() che si occupa di creare l'oggetto SendUrl incaricato di trasmettere il link.

Se invece l'utente preme sul tasto Logout dell'applicazione, invoca il metodo corrispondente, logout, che crea l'oggetto Logout, incaricato di disconnettersi da tutte le estensioni connesse.

Nei prossimi paragrafi amplierò in dettaglio il funzionamento delle classi sopra elencate.

SplashScreen

L'activity in questione visualizza uno splashscreen all'avvio dell'applicazione prima di far partire l'activity principale. Si occupa è di inviare alla MainActivity, tramite un Intent, i dati che sono stati passati all'applicazione, se sono presenti.

Figura 16: splashscreen di Android2Chrome

MainActivity

MainActivity è l'activity principale, ovvero, quella che contiene le operazioni essenziali dell'applicazione usabili dall'utente, l'invio dei link e il logout.

All'avvio viene invocato il metodo **onCreate(Bundle savedInstanceState)** che ha il compito di inizializzare il campo dell'**host**, ovvero l'indirizzo dove risiede il web server, il campo **email**, utilizzato per spedire l'indirizzo e gli altri campi secondari.

Questo metodo si occupa anche di controllare se esiste già un file nella scheda di memoria contenente l'email salvata dall'utente. In caso contrario avvia una nuova activity, **CheckEmail,** che si occupa di richiedere all'utente l'email sulla quale vuole inviare i link da condividere.

Terminata la chiamata di questa activity, controlla se l'applicazione è stata aperta a causa di una richiesta di "**SEND**" da parte di qualche altra applicazione per poter condividere la pagina che si stava visualizzando, oppure se è stata aperta dall'utente direttamente e quindi non ci sono link da condividere. In questo caso non sarà possibile muovere la TextView e l'immagine del robottino sarà in posizione di "riposo".

Figura 17: schermata dell'applicazione se non si sta condividendo

niente

In caso contrario, dal momento in cui si tocca la TextView per eseguire lo slide, si avvia il metodo handler dell'evento touch

onTouch(View v, MotionEvent event), che si occupa di modificare la posizione dell'oggetto seguendo il movimento del dito fino all'estremità superiore dello schermo, vedi Figura 11. Una volta raggiunta, partirà la procedura di invio del link tramite il metodo **sendMessage()** che si occupa di creare la classe **"asincrona" SendUrl** che analizzerò a breve.

CheckEmail

La schermata che si visualizzerà all'utente la prima volta che aprirà l'applicazione sarà la seguente:

Figura 18: schermata di scelta dell'account da sincronizzare

Scelto l'account che si desidera utilizzare, si preme sul tasto **Salva**.

Nella sd verrà creata una cartella **android2chrome** contente un file **email.txt** con su scritto l'email selezionata dall'utente. Il path utilizzato per salvare questo file è restituito dal metodo **getExternalFilesDir(null)**.

Tale percorso permette di far rimuovere automaticamente dal sistema i file creati dall'applicazione alla sua disinstallazione.

Tale file sarà poi interpellato ogni volta che verrà aperta l'applicazione, in modo da non dover più visualizzare la scelta dell'email all'utente negli utilizzi successivi.

Nel caso in cui fossero presenti più account sul dispositivo, è possibile, dalla schermata principale, premendo sul tasto menù del dispositivo e poi su "**Account**", riaccedere a questa activity, visualizzando così sia l'email che si sta utilizzando, sia quelle disponibili:

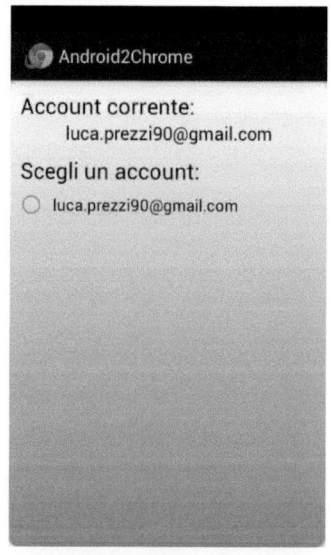

Figura 19: schermata di modifica dell'account

Qui si possono eseguire due azioni: premere sul tasto back del dispositivo per tornare alla schermata principale, oppure selezionare un nuovo account e premere "**Salva**". Questa ultima operazione deve, però, essere seguita da una nuova registrazione sull'estensione con l'email scelta, altrimenti non sarà possibile condividere alcun link da quell'account.

SendUrl

La classe è asincrona perché, se l'invio fosse eseguito in modalità non asincrona, per tutta la durata della connessione con il web server l'interfaccia rimarrebbe bloccata, cosa che potrebbe indurre l'utente a credere che l'applicazione si sia bloccata.

Pertanto la SendUrl è definita nel seguente modo:

```
public class SendUrl extends AsyncTask<String, Void, String> {
    public SendUrl(MainActivity mainActivity) {
        /*costruttore della classe*/
    }
    @Override
    protected String doInBackground(String... params) {
        /*in questo metodo è eseguito il codice che si occupa di
inviare il link al web server in modo asincrono*/
    }
    @Override
    protected void onPreExecute() {
        /*visualizzo un dialog con una progress bar*/
    }
    @Override
    protected void onPostExecute(String result) {
        /*qui si eseguono le operazione una volta finita l'esecuzione
del metodo doInBackground e chiudo il dialog. In result c'è il valore di
```

risposta del   webserver, ovvero se l'operazione è andata a buon fine oppure no*/

    }

}

Figura 20: signature della classe SendUrl.java

Logout

Al fondo della schermata principale è presente il tasto "**Logout dall'estensione**". Questo tasto permette di effettuare il logout dall'estensione direttamente dal dispositivo. Nel caso in cui si dovessero avere più postazioni pc connesse con lo stesso account, si possono disconnettere tutte contemporaneamente, senza doverlo fare una per una.

La classe Logout, per gli stessi motivi della SendUrl, è asincrona e la definizione è la seguente:

```
public class Logout extends AsyncTask<String, Void, String>{
        public Logout(MainActivity main){
                /*costruttore della classe*/
        }
        @Override
        protected String doInBackground(String... params) {
                /*operazioni eseguite in background per effettuare il
logout*/
        }
        @Override
        protected void onPreExecute() {
```

```
        /*avvia un dialog con una progress bar*/
    }
    @Override
    protected void onPostExecute(String result) {
        /*qui si eseguono le operazione una volta finita l'esecuzione
del metodo doInBackground e chiudo il dialog. In result c'è il valore di
risposta del       webserver, ovvero se l'operazione è andata a buon
fine oppure no*/
    }
}
```

Figura 21: signature della classe Logout.java

ConnectionManager

Si occupa di controllare lo stato della connessione del dispositivo al momento dell'apertura dell'applicazione.

Se non si è connessi, visualizza un dialog per richiedere all'utente se ci si vuole connettere con la connessione **Dati** oppure con quella **Wi-Fi**. Premendo sul tasto "**Connetti**" del dialog, avvia la connessione scelta. La schermata che è visualizzata dall'utente è la seguente:

Figura 22: schermata di scelta della connessione

Se si preme su "**Esci**" l'applicazione verrà chiusa.

Tutorial

Per rendere l'applicazione più comprensibile dall'utente è stata creata una activity contente il tutorial.

Questa activity viene lanciata la prima volta che l'utente apre l'applicazione ed è possibile scorrerla tramite un semplice slide verso destra o sinistra per scorrere avanti o indietro le pagine.

È possibile inoltre saltare il tutorial in ogni momento, semplicemente premendo sul tasto "**Skip tutorial**". Può anche essere visualizzato premendo dal menu opzioni dell'activity principale, la voce "**Tutorial**".

All'interno del file Tutorial è presente anche la classe **MyPagerAdapter** che si occupa di modificare il layout dell'activity Tutorial allo scorrimento con il dito delle pagine tramite il metodo **instantiateItem(View collection, int position)**. Questo metodo permette di definire il tipo di layout che si vuole che l'activity abbia quando viene eseguito il gesto di slide, nella posizione **position** passata come parametro.

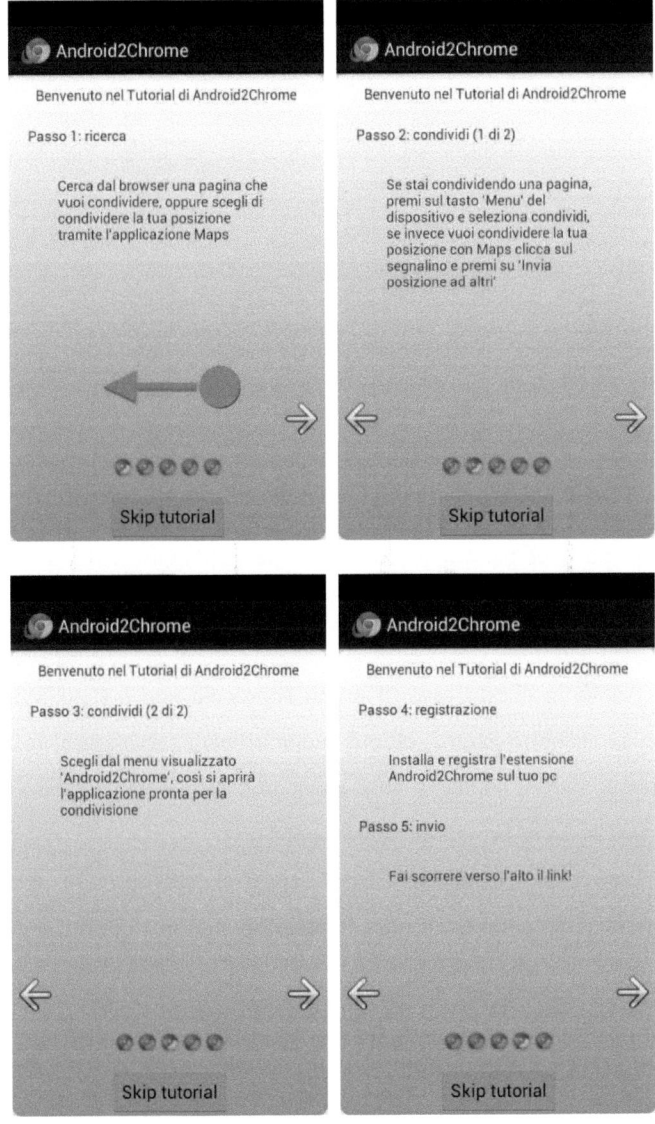

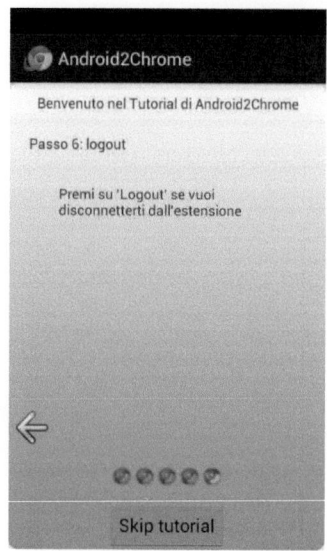

Figura 23: la pagine del tutorial

4.2. Android2Chrome estensione del browser Chrome

Dopo aver parlato precedentemente dell'applicazione per Android sviluppata, proseguo ad illustrare il funzionamento dell'estensione del browser Chrome.

Anche in questo caso, il primo approccio non è stato semplice, la documentazione esterna, oltre a quella ufficiale, scarseggia. In aiuto, mi è venuto però il codice di altre estensioni, che mi ha permesso di capire meglio la via da seguire per crearne una mia.

Una volta installata, l'icona apparirà nell'apposito spazio che Chrome dedica alle estensioni, come in figura:

Figura 24: posizione logo dell'estensione Android2Chrome

4.2.1. Funzionamento

Per utilizzare questa estensione, è necessario, per prima cosa, effettuare la registrazione visitando la pagina delle opzioni, tramite l'apposita voce del menu a tendina dell'estensione stessa, o premendo con il tasto destro del mouse sull'icona dell'estensione e scegliendo la voce "**Opzioni**".

A questo punto, dalla sezione "**Account**" sarà possibile premere sul tasto "**Registra un nuovo Account**".

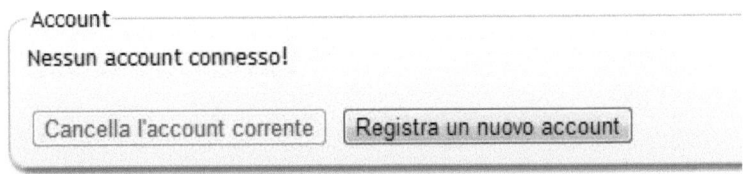

Figura 25: registra nuovo account

Una volta premuto sarà possibile effettuare la registrazione usando come email quella dell'account scelto per l'applicazione.

La password ha il vincolo di dover contenere almeno sei caratteri.

Se i dati inseriti sono corretti, sarà possibile cliccare sul pulsante "**Registrati**". Se la registrazione è andata a buon fine verrà visualizzato un messaggio di corretta registrazione.

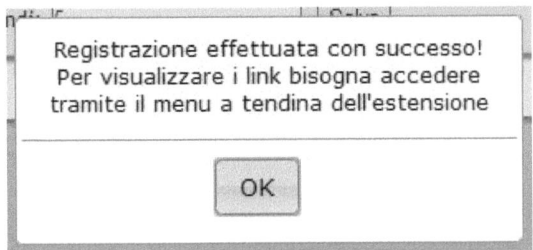

Figura 26: messaggio di registrazione effettuata con successo

Se l'email inserita dovesse risultare già registrata, verrà segnalato in questo modo:

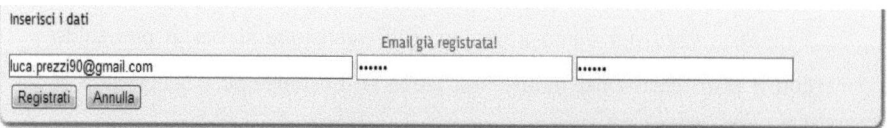

Figura 27: messaggio di errore per email già presente

Nel prossimo paragrafo sono analizzati i file che compongono questa estensione.

4.2.2. I file

Le estensioni di Google Chrome sono caratterizzate da 4 file principali:

- manifest.json
- background.html
- popup.html
- options.html

Da questi file è possibile utilizzare altri due strumenti che Chrome mette a disposizione: il "**Badge**" e il "**Tooltip**". Di seguito descrivo cosa sono ed a cosa servono questi file, ed infine che cosa sono il Badge e il Tooltip.

Manifest

Il file manifest.json è il file principale di una estensione. Contiene tutti dati necessari all'estensione, in modo che il browser riesca a riconoscerne tutte le componenti.

Vengono memorizzati il nome, la versione, i permessi che questa estensione deve avere, l'icona che sarà visualizzata e tante altre informazioni.

Il manifest di questa estensione è il seguente:

```
{"name": "Android2Chrome",
 "version": "0.8",
 "manifest_version": 2,
 "background": {
  "page": "background.html"
 },
 "browser_action": {
  "default_icon": "images/icons/icon_32.png",
  "default_popup": "popup.html"
 },
 "icons": {
   "128": "images/icons/icon_128.png",
   "16": "images/icons/icon_32.png",
   "32": "images/icons/icon_32.png",
   "48": "images/icons/icon_48.png"
 },
 "permissions": [ "http://*/*", "https://*/*" , "tabs", "storage"],
 "options_page": "options.html"}
```

Figura 28: file manifest.json

Come si può osservare, all'interno di questo documento sono riportati anche tutti i percorsi dei file necessari per il corretto funzionamento dell'estensione.

La voce **"browser_action"** indica che l'estensione dovrà essere collocata all'esterno della barra degli indirizzi e che potrà usufruire di un popup e di una icona.

Background

Questa pagina è il cuore dell'estensione, ovvero dove si eseguono tutte le operazioni più pesanti. A differenza delle altre due pagine, viene avviata all'apertura del browser e rimane in esecuzione fino a che non viene terminato.

La pagina, lavorando in "background", non è quindi visualizzabile dall'utente.

Quando viene lanciata, è eseguito lo script **background.js**. Nel suo interno si possono definire delle variabili globali o funzioni, le quali, saranno reperibili dal popup.js e dall'options.js grazie alla funzione javascript **getBackgroundPage()**. Tale funzione mette a disposizione di chi l'ha invocata, tutto quello che è definito al suo interno.

In questo caso, all'interno del background.js, sono contenute le informazioni riguardanti l'email dell'utente correntemente connesso, i link che ha a disposizione e altre variabili che servono per la sincronizzazione tra i diversi script.

All'interno dello script è presente la funzione **"check()"** che viene eseguita ad intervalli scelti dall'utente per controllare la presenza di nuovi link condivisi o per controllare che non si sia effettuato il logout tramite l'applicazione.

Popup

Il popup è composto da una pagina html, visualizzata all'utente quando cliccherà sull'icona dell'estensione e uno script javascript che si occupa di comunicare con la background page per reperire le informazioni da mostrare all'utente.

La schermata principale, quando non si è ancora effettuato il login è la seguente:

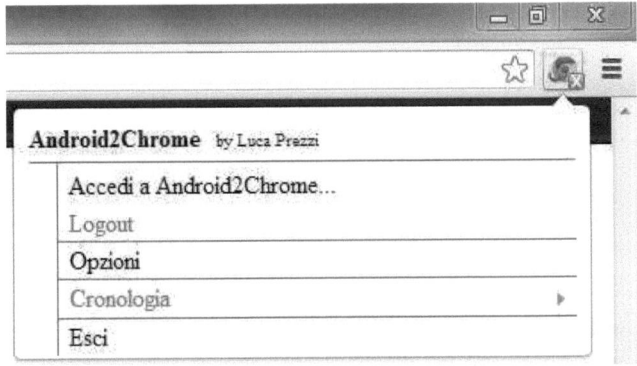

Figura 29: menu dell'estensione

I campi **"Logout"** e **"Cronologia"** sono disabilitati, poiché non è stato effettuato l'accesso.

L'opzione del menù **"Accedi a Android2Chrome"** permette di effettuare il login sull'estensione, tramite le credenziali di registrazione immesse precedentemente. Premendo su questa opzione la schermata che si visualizzerà all'utente sarà la seguente:

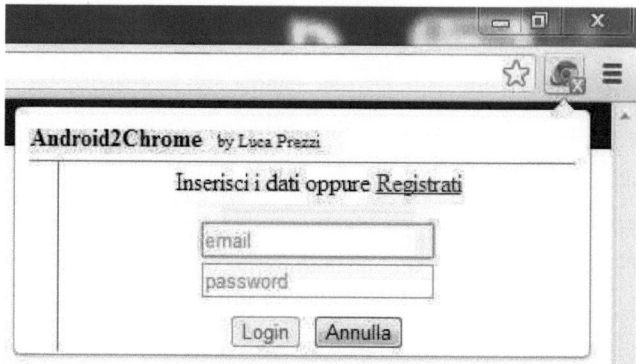

Figura 30: schermata di login

Se non si è ancora registrati, sarà possibile farlo premendo sul link "**Registrati**", il quale aprirà la pagina delle opzioni, dove sarà possibile effettuare la registrazione.

Quando l'utente preme su "**Login**", parte una richiesta **AJAX** verso il web server che ha il compito di connettere l'utente all'estensione e di farsi restituire i link che sono stati condivisi per poterli caricare nella cronologia.

Terminata la procedura di login si ritornerà alla schermata precedente, dove, le opzioni che prima erano disabilitate, saranno ora disponibili all'utente.

Accanto all'opzione "**Cronologia**" sarà visualizzato il numero totale dei link contenuti al suo interno.

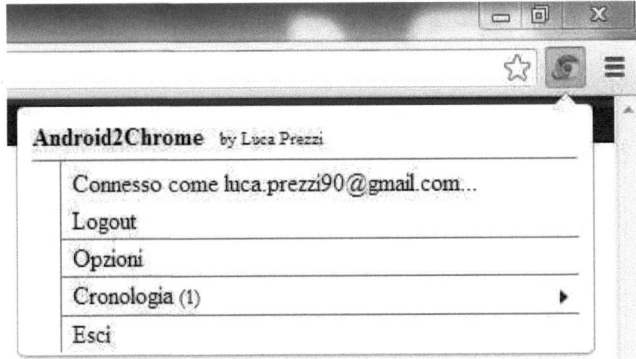

Figura 31: schermata con login effettuato

A questo punto, sarà possibile visualizzare tutti i link che sono stati condivisi dall'applicazione passando il mouse sull'opzione **Cronologia**.

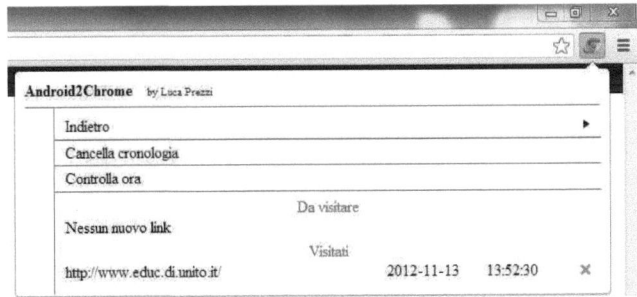

Figura 32: schermata della cronologia dell'estensione

Da questa schermata sono accessibili tutti i link ricevuti sia quelli in precedenza visualizzati sia quelli che devono ancora essere aperti.

Per visitare un link, basterà semplicemente fare un click su di esso e si aprirà in una nuova scheda del browser.

Gli orari riportati a fianco dei link sono, l'orario di ricezione, in quelli segnati come **"Da visitare"** e l'orario dell'ultima visita nei **"Visitati"**.

Ogni link ha la possibilità di essere cancellato dalla cronologia singolarmente, premendo sul simbolino della **"X"**, mentre se si volesse

~ 41 ~

cancellare tutta la cronologia, basterà premere sulla opzione "**Cancella cronologia**" e sarà completamente svuotata.

L'opzione "**Controlla ora**" permette all'utente di eseguire un "refresh" della pagina, nel caso in cui si fossero condivisi dei link mentre il popup o la pagina delle opzioni erano aperti.

Passando il mouse sulla voce "**Indietro**" si ritorna alla schermata principale.

L'ultima voce del menù è "**Esci**", che non serve ad altro se non a chiudere il popup, cosa che si può anche fare premendo semplicemente col mouse all'esterno di esso.

Options

Come il popup, la pagina della opzioni è composta da un file html che ne definisce l'aspetto e da uno script javascript che comunica con la background page e il web server.

In questa pagina è possibile effettuare la registrazione di un account, cancellare l'iscrizione dell'account corrente, decidere se si vuole che l'estensione apra automaticamente i nuovi link ricevuti, oppure decidere se controllare automaticamente la presenza di nuovi link e l'intervallo con cui effettuare il controllo.

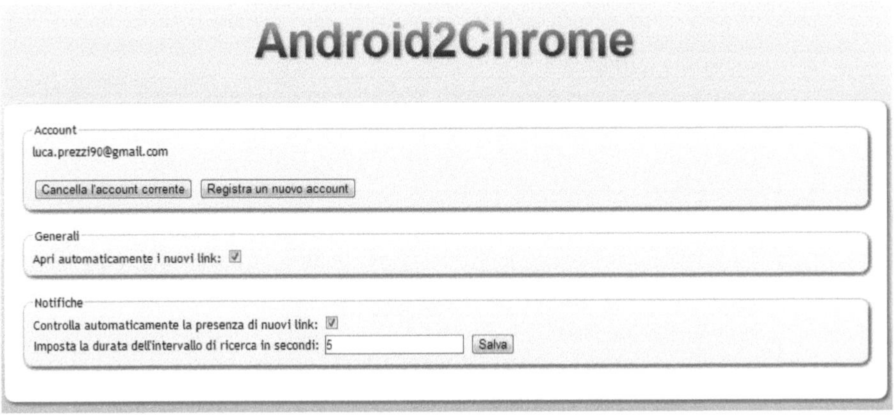

Figura 33: pagina della opzioni

Sarà dunque possibile, nel paragrafo "**Generali**" mettere o levare la spunta per l'apertura automatica dei nuovi link.

In "**Account**" registrarne uno nuovo premendo sull'apposito tasto, come in Figura 25Figura 25: registra nuovo account, oppure sarà possibile cancellare l'account corrente premendo sul tasto "**Cancella l'account corrente**". A questo punto sarà richiesta la password dell'account per una ulteriore conferma e se tutto è andato a buon fine l'utente e tutta la sua cronologia saranno cancellati come richiesto.

In "**Notifiche**" sarà invece possibile decidere se controllare automaticamente la presenza di nuovi link e in tal caso si può impostare l'intervallo di tempo che deve trascorrere tra un controllo e l'altro. Per questo parametro è necessario indicare un valore non inferiore a 5 secondi.

Badge

Il Badge è uno strumento molto utile per la visualizzazione delle notifiche. In particolare questo strumento è stato utilizzato per indicare il numero dei nuovi link condivisi ancora da visitare, sul simbolo dell'estensione, Figura 34.

Nel caso in cui non sia connesso nessun account, sarà invece visualizzata una "**X**", indicando appunto l'assenza di un account, Figura 35.

Figura 34: notifica di un link da visualizzare

Figura 35: notifica di nessun account connesso

Per modificare il Badge di una estensione è sufficiente richiamare la funzione "**chrome.browserAction.setBadgeText({text: string })**"   che permette di visualizzare il contenuto della variabile "**string**".

Tooltip

Il tooltip lavora simultaneamente al Badge. Visualizzerà sull'icona dell'estensione, al passaggio del mouse, una informazione. Indicherà, a seconda dello stato dell'estensione, il numero di link da visualizzare o se si è connessi. Facendo riferimento ai due casi riportati nel paragrafo relativo al Badge, i tooltip corrispondenti saranno:

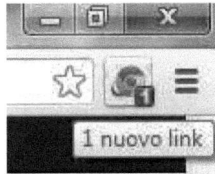

Figura 36: tooltip con un link da visualizzare

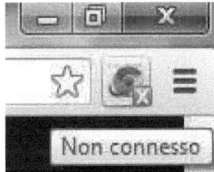

Figura 37: tooltip nel caso che nessun account sia connesso

Per poter invece modificare il tooltip, bisogna chiamare la seguente funzione "**chrome.browserAction.setTitle({ title: string})**", in questo modo sarà visualizzato il contenuto della variabile "**string**".

4.3. Web Server

Il web server è una pagina PHP che comunica con un database MySQL, al cui interno sono presenti le due tabelle che utilizza questa applicazione: **users** e **sended**. Nella tabella users sono inseriti tutti gli utenti, con un id, una password, l'email di iscrizione, lo stato di login (connesso o non connesso). La query per la creazione della tabella è la seguente:

CREATE TABLE IF NOT EXISTS users (

        id int(11) PRIMARY KEY AUTO_INCREMENT,

        email VARCHAR(50) UNIQUE,

        password VARCHAR(32),

```
                    logged TINYINT(1) DEFAULT 1
);
```

Figura 38: definizione della tabella users

La tabella sended invece contiene tutti i link condivisi dagli utenti, abbinati all'utente che li ha inviati, tramite una chiave esterna sulla email. I campi di questa tabella sono l'id, email a cui è associato il link, il link, il giorno di ricezione/visita del link, l'ora e lo stato (visitato oppure no). La query per la creazione di questa tabella è la seguente:

```
CREATE TABLE IF NOT EXISTS sended (
            id int(11) PRIMARY KEY AUTO_INCREMENT,
            email VARCHAR(50),
            url VARCHAR(255),

            readed TINYINT(1) DEFAULT 0,
            data DATE,
            ora time,
            FOREIGN KEY(email) REFERENCES users(email)
                                ON DELETE CASCADE
                                ON UPDATE CASCADE
);
```

Figura 39: definizione della tabella sended

Per conferire maggior sicurezza ai dati trattati, tutte le trasmissioni al web server sono effettuate in **POST**. Le password che vengono utilizzate sono inviate direttamente in **MD5** dal client, in modo che nessuno possa leggerle durante la trasmissione.

Se la risposta da inviare deve contenere dei dati più complessi di un semplice numero, verrà spedita in formato JSON per rendere la comunicazione molto più leggera.

Proseguo con la spiegazione definendo le richieste gestite dal web server e, in seguito, le analizzerò una ad una:

1. Inserimento di un utente nella tabella users del database dopo la registrazione.

2. Inserimento nella tabella sended dei link associati all'utente.

3. Richiesta dei link associati ad una data email.

4. Login dell'utente.

5. Logout dell'utente.

6. Eliminazione dell'utente.

7. Segnare come letto un link.

8. Eliminazione di un link

9. Eliminazione della cronologia

Per ogni altra richiesta risponderà "**Invalid Request!!**".

Le richieste gestite dal web server

1. Inserimento di un utente nella tabella users del database:

eseguita dall'estensione durante la procedura di registrazione.

Per accedervi bisogna inviare in POST due parametri: **ready** e **password**. In ready va inserita l'email dell'utente, in password va immessa la password già cifrata in MD5.

Con questa operazione si andrà a controllare se l'email inserita è già presente oppure no nel database. Se è già inserita si ritorna all'utente **-2**, valore che l'estensione interpreterà come email già presente, visualizzando all'utente l'errore relativo. Se invece non lo è, sarà aggiunto nella tabella users e il valore del campo **logged** sarà posto di default a **0**.

2. Inserimento nella tabella sended dei link associati all'utente:

eseguita dall'applicazione al momento dell'invio del link.

Per poter caricare un link nella tabella sended bisognerà inviare in POST i parametri seguenti: **email** e **url**. In email ci dovrà essere l'email dell'utente che sta condividendo il link, in url ci sarà l'indirizzo che è stato condiviso.

Questo indirizzo prima di essere inserito nella tabella può subire delle variazioni, ovvero, se il sito che si sta condividendo è di una pagina in formato mobile che inizia per "mobile." o "m." o "wap.", questi prefissi verranno sostituiti con "www.". In questo modo, quando il link verrà aperto sul pc, sarà visualizzato nello stile desktop e non mobile. Dato che questa applicazione permette di condividere anche la propria posizione tramite l'applicazione maps, è stato necessario controllare che anche i link ricevuti da questa applicazione venissero visualizzati correttamente.

Ho notato che anche se i link che genera maps inizino nel formato "m.google" non bisogna effettuare la conversione con il "www" poiché il sito risulterebbe inaccessibile. In questo caso Google gestisce in automatico il prefisso "m." e lo rimuove all'occorrenza visualizzando la pagina corretta. È necessario fare quindi prima il controllo che non sia presente la scritta "google" all'interno del link e poi fare la modifica del prefisso del sito.

Discorso a parte per Wikipedia, la cui pagina non inizia con il classico "m." ma con "it.m.". In questo caso bisognerà eliminare l'"m." dall'indirizzo per visualizzare la pagina correttamente.

Terminata la modifica è possibile aggiungere il sito nella tabella e verrà contrassegnato come non letto. I campi data e ora verranno inizializzati all'orario di ricezione.

Se la procedura è andata a buon fine ritorna **1** all'applicazione, **0** se ci sono stati errori, **-1** se l'utente non è ancora registrato.

3.   Richiesta dei link associati ad una data email:

eseguita dall'estensione periodicamente.

Per questa richiesta è necessario inviare in POST un solo parametro, **email**.

In questo modo saranno prelevati tutti i link corrispondenti al valore contenuto in **$_POST['email']** e spediti all'estensione in formato JSON. In caso di errore o se l'utente non è loggato ritorna **-1**, **-2** se l'utente non è presente.

4.   Login dell'utente:

eseguita dall'estensione.

In questa richiesta bisogna fornire due parametri in POST: **login** e **password**. In login bisogna indicare l'email dell'utente che vuole effettuare l'accesso, in password va immessa la password in MD5 relativa.

Se la procedura è andata a buon fine restituisce tutti i link relativi alla email, altrimenti ritorna -2 se l'email o la password sono errate.

5.   Logout dell'utente:

eseguita dall'applicazione.

Per questa richiesta bisogna inviare in POST il parametro **logout** contente l'email di cui si vuole effettuare la disconnessione.

Il comportamento è diverso dal logout che si può fare dall'estensione poiché da quest'ultimo ci si disconnette solo dalla postazione corrente, ovvero si cancellano i dati relativi all'utente dallo spazio di memoria dell'estensione, ma sulla tabella users l'utente risulta ancora come connesso poiché non viene effettuata nessuna richiesta al web server.

In questo caso invece, il logout è globale e quindi permette al dispositivo mobile di disconnettersi da tutte le postazioni in cui l'estensione era connessa contemporaneamente, andando a modificare il valore logged della tabella a **0**.

6.   Eliminazione dell'utente:

eseguita dall'estensione.

Bisogna inviare in POST i parametri **delete** e **password**. In delete bisogna indicare l'email dell'account che si vuole cancellare, in password la password relativa all'email, in formato MD5. Se la password è corretta procede con la cancellazione dalla tabella users dell'email in delete. Di conseguenza, per la definizione della tabella sended, saranno cancellate anche tutte le entry corrispondenti a tale email.

In caso di corretta eliminazione ritorna **1**, **-2** se la password inserita non è corretta.

7.   Segnare come letto un link:

eseguita dall'estensione.

In questo caso è necessario inviare in POST il parametro **readed**. In readed deve essere indicato l'id del link che si deve segnare come letto. Il campo readed della tabella sended relativo a quell'id sarà dunque impostato a **1** e i campi data e ora saranno settati con l'orario della visualizzazione del link.

8.   Eliminazione di un link:

eseguita dall'estensione.

Si devono inviare in POST due parametri: **delete_url** e **email**. In delete_url bisogna indicare l'id del link che si vuole cancellare, in email deve essere presente l'email dell'utente che ha effettuato l'operazione. Una volta cancellato il link, restituisce la lista aggiornata dei link condivisi dall'email in formato JSON.

9.   Eliminazione della cronologia:

eseguita dell'estensione.

Bisogna inviare in POST il parametro **delete_history**. In delete_history sarà presente l'email di cui si vuole cancellare la cronologia. Ricevuto questo parametro si andranno a cancellare tutti i link condivisi dall'email.

5. Installazione

La procedura di installazione consiste in 4 semplici passaggi.

Per prima cosa bisogna installare l'applicazione Android2Chrome sul dispositivo tramite il file ".apk" dell'applicazione. Una volta terminata l'installazione, al primo avvio dell'applicazione bisognerà scegliere tra gli account visualizzati, l'email che si vuole utilizzare per la condivisione degli indirizzi web. L'indirizzo scelto dovrà dunque essere quello con cui ci si registrerà sull'estensione per Google Chrome.

A questo punto bisogna installare l'estensione di Android2Chrome sul browser Google Chrome. Per aggiungere questa estensione è necessario avere a disposizione il file ".crx" contenente i file dell'estensione descritti nel capitolo precedente. Tale file andrà poi installato andando dal menu di Google Chrome nella sezione estensioni e da qui bisognerà effettuare un "drag and drop" del file dentro questa pagina.

Eseguendo questa procedura potremo quindi visualizzare sulla destra della barra degli indirizzi l'icona dell'estensione. Una volta installata bisogna effettuare la registrazione con l'email scelta in precedenza sull'applicazione, premendo sull'icona dell'estensione e scegliendo la voce del menu "Opzioni". Da qui, nella sezione "Account", sarà possibile registrare l'email che si vuole utilizzare per la registrazione.

Completata la registrazione basterà seguire i passi del "Tutorial" presente nell'applicazione per poter condividere i link dal telefono al pc in modo semplice e veloce.

6. Strumenti di sviluppo

Gli strumenti di sviluppo utilizzati in questa tesi triennale sono stati diversi.

Lato client:

- per l'applicazione è stato utilizzato Java nella sua forma per Android.

- per l'estensione sono stati utilizzati i linguaggi di scripting **javascript** e **jQuery** in aiuto al "linguaggio" **HTML** utilizzato per generare il layout delle pagine visualizzate dall'utente. Oltre ai due linguaggi sopracitati è stato molto utile, ai fini del funzionamento, lo strumento **AJAX**, che mi ha permesso di comunicare rapidamente con il web server. Tutti i file HTML sono corredati di fogli di stile **CSS** per la formattazione del layout delle pagine.

Lato server:

- il linguaggio utilizzato è il **PHP**. Con tale linguaggio è stato possibile interagire con un database **MySQL** potendo così gestire, tramite le tabelle appositamente create, le richieste generate dall'applicazione.

Nei prossimi paragrafi proseguo con la descrizione degli strumenti elencati in precedenza.

6.1. PHP

Dal lato server del link **HTTP**, gli application servers e altri servers a contenuto dinamico, forniscono i contenuti attraverso una grande varietà di tecniche e tecnologie caratterizzate dall'approccio di scripting.

Particolarmente predominanti in questo campo sono **PHP, JSP** e **ASP**, ma altri linguaggi come **Ruby** e **Python**, diventati molto conosciuti soprattutto grazie ai loro famosi framework, si sono ritagliati il loro spazio.

Nella laurea triennale, l'unico linguaggio utilizzato tra i sopra citati è il PHP, per cui la scelta del linguaggio con cui scrivere lo script lato server è ricaduta su di esso.

PHP, il cui acronimo è **"PHP: Hypertext Preprocessor"**, preprocessore di ipertesti, è un linguaggio di programmazione interpretato, con licenza *open source* e libera (incompatibile con la GPL), all'origine concepito per la programmazione Web per la generazione di pagine dinamiche.

Il suo utilizzo principale è per lo sviluppo di applicazioni web lato server, ma è anche utilizzato per scrivere applicazione stand-alone con interfaccia grafica.

Il risultato delle operazioni di uno script PHP, genera un codice HTML che deve essere inviato al client che ne ha fatto richiesta. Il vantaggio dell'utilizzare PHP è di poter avere delle pagine web completamente dinamiche, a differenza del classico HTML.

Il caso d'uso generale di una richiesta ad un server PHP è illustrato nella figura seguente:

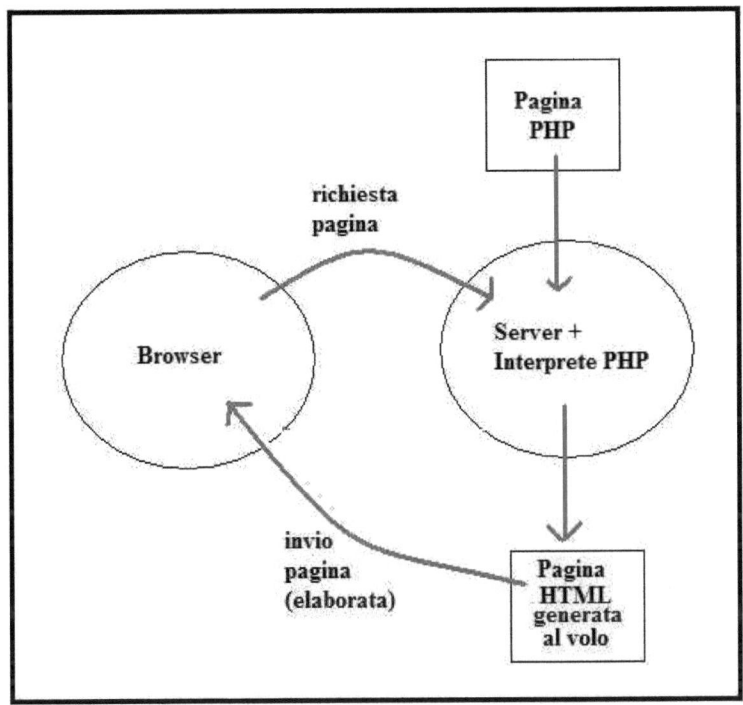

Figura 40: funzionamento di una richiesta HTTP ad un server PHP

Nella figura precedente possiamo dunque individuare facilmente le due parti di un sistema Client-Server, il cerchio a sinistra rappresenta il client, quello a destra il server.

Il client, tramite un browser, o più in generale tramite un'applicazione web, manda una richiesta HTTP al server richiedendo ad esempio una pagina web, il server riceve la richiesta, tramite lo script PHP la elabora e genera "al volo" una pagina HTML da inviare al browser, o all'applicazione dell'utente, che ne ha fatto richiesta.

PHP fornisce un'API specifica per interagire con Apache, nonostante funzioni naturalmente con numerosi altri server web. È anche ottimamente integrato con il database MySQL, per il quale possiede più di una API. Proprio per questo motivo il database utilizzato per questa applicazione, come detto precedentemente è un database MySQL.

6.2. HTML

HTML, il cui acronimo è "**HyperText Markup Language**", linguaggio a marcatori per ipertesti, non è un linguaggio di programmazione vero e proprio (nonostante sia spesso, in maniera colloquiale, erroneamente definito come tale...). È soltanto una sorta di "impaginatore" che permette tramite l'utilizzo di etichette, tag, di impostare la posizione di testo ed immagini in una pagina web, di inserire tabelle, frame, liste puntate e numerate e così via, oltre a stabilire le proprietà caratteristiche (ampiezza, colore, allineamento...) di ciascun elemento.

Fatta eccezione per i form, l'HTML non ha in sé, né strutture in grado di interagire con l'utente né strutture decisionali. L'HTML, è completamente **statico**.

Il contenuto servito dai siti web in seguito a una richiesta dell'utente, solitamente consiste di un documento HTML e dai file ad esso correlati che un web browser scarica da uno o più web server per elaborarli, interpretando il codice, al fine di generare la visualizzazione della pagina desiderata sullo schermo del computer.

Un esempio di codice HTML è mostrato nella figura seguente:

```
1   <!DOCTYPE html PUBLIC "-//W3C/DTD HTML
2   <html>
3       <head>
4           <title>Example</title>
5           <link href="screen.css" rel="sty
6       </head>
7       <body>
8           <h1>
9               <a href="/">Header</a>
10          </h1>
11          <ul id="nav">
12              <li>
13                  <a href="one/">One</a>
14              </li>
15              <li>
16                  <a href="two/">Two</a>
17              </li>
```

Figura 41: esempio di pagina HTML

6.3. CSS

I CSS servono per gestire tutto il layout di un sito Web. È possibile intervenire sulla formattazione del testo, sulla visualizzazione delle pagine in modo semplice ed efficace.

Dietro il semplice acronimo CSS "**Cascading Style Sheets**", fogli di stile a cascata, si nasconde uno dei fondamentali linguaggi standard del W3C. La sua storia cammina su binari paralleli rispetto a quelli di HTML, di cui vuole essere l'ideale complemento. Da sempre infatti, nelle intenzioni degli uomini del Consortium, HTML, così come la sua recente evoluzione, XHTML, dovrebbe essere visto semplicemente come un linguaggio **strutturale**, alieno da qualunque scopo attinente la **presentazione** di un documento.

Per questo obiettivo, ovvero, arricchire l'aspetto visuale ed estetico di una pagina, lo strumento designato sono appunto i CSS. L'ideale perseguito da anni si può sintetizzare con una nota espressione: separare il contenuto dalla presentazione.

La prima specifica ufficiale di CSS (CSS1) risale al dicembre del 1996. Nel maggio 1998 è stata la volta della seconda versione: CSS2.

Niente stravolgimenti, ma molte aggiunte rispetto alla prima. **CSS2** non è altro che **CSS1** più alcune nuove proprietà, valori di proprietà e definizioni per stili non canonici come quelli rivolti alla stampa o alla definizione di contenuti audio.

È attualmente allo stato di Working Draft la nuova specifica CSS3.

Grazie al CSS si può dare al testo delle pagine un aspetto da word-processor: non solo con il **colore** o i **font** che si vuole, ma con un sistema di **interlinea** pratico e funzionale, con le **decorazioni** che si desiderano, riuscendo a **spaziare** lettere e parole, impostando **stili diversi** per titoli e paragrafi, sfruttando i benefici dell'**indentatura** o della **giustificazione**. Si possono anche gestire i margini delle pagine, lo sfondo e tante altre cose. L'utilizzo di questi fogli di stile permette la scrittura più facile e pulita del codice HTML e ha anche come vantaggio di risparmiare parecchi byte di banda per l'invio della pagina.

Un esempio di codice CSS è mostrato nella figura seguente:

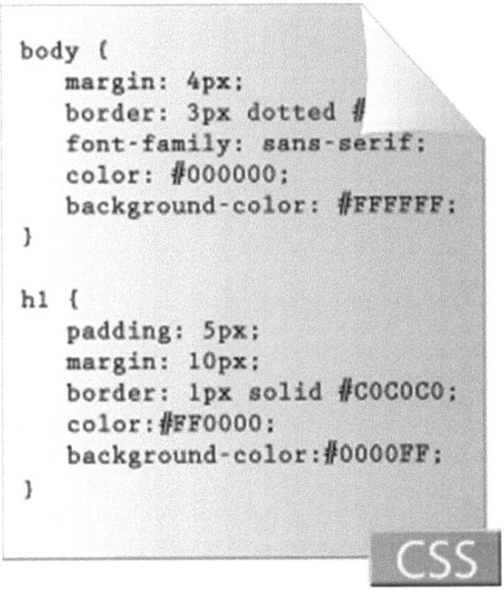

```
body {
    margin: 4px;
    border: 3px dotted #
    font-family: sans-serif;
    color: #000000;
    background-color: #FFFFFF;
}

h1 {
    padding: 5px;
    margin: 10px;
    border: 1px solid #C0C0C0;
    color:#FF0000;
    background-color:#0000FF;
}
```

CSS

Figura 42: esempio di CSS

6.4. MySQL e SQL

Un Data Base (traducibile in italiano come "base di dati") non è un altro che un insieme di dati logicamente correlati fra loro.

I **Data Base Management System (DBMS)** sono quindi i prodotti software in grado di gestire i database.

Le loro caratteristiche sono:

- capacità di gestire grandi quantità di dati.

- condivisione dei dati fra più utenti e applicazioni.

- utilizzo di sistemi di protezione e autorizzazione per l'accesso ai dati stessi.

Possiamo identificare diversi tipi di database, in base alla loro struttura logica:

- database gerarchici.

- database reticolari.

- database relazionali.

- database ad oggetti.

In particolare andiamo a definire che cosa sono i database relazionali, poiché MySQL è un database di questo tipo.

I database **relazionali** organizzano i dati in tabelle e si basano sulle relazioni tra di esse. Queste tabelle sono ciascuna composta da righe e colonne. Possiamo affermare che:

- ogni tabella contiene i dati relativi ad una entità.

- le colonne della tabella rappresentano i campi, ovvero le proprietà o attributi dell'entità.

- le righe della tabella esprimono le ricorrenze dell'entità.

Uno dei programmi più popolari per amministrare i database MySQL è phpMyAdmin (richiede un server web come Apache HTTP Server ed il supporto del linguaggio PHP). Si può utilizzare facilmente tramite un qualsiasi browser.

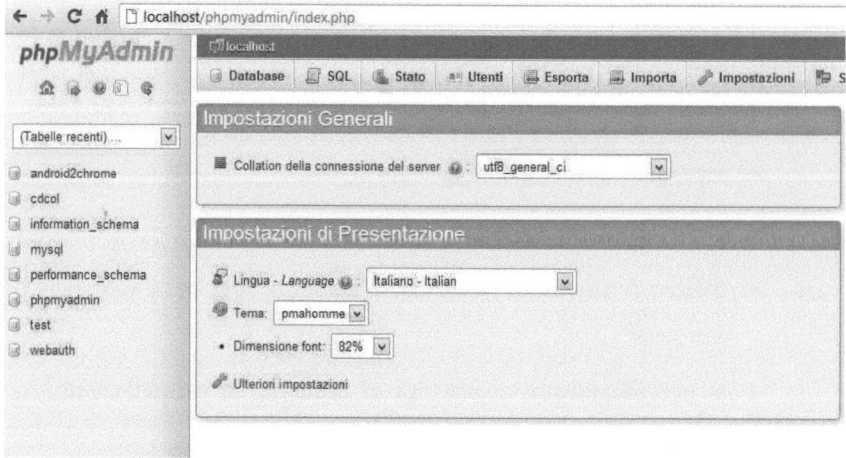

Figura 43: schermata principale di phpMyAdmin

Insieme al modello relazionale è stato introdotto il **linguaggio SQL** (Structured Query Language), che consente di operare sui dati tramite frasi che contengono parole chiave prese dalla lingua inglese. Del linguaggio SQL sono stati pubblicati tre standard, l'ultimo dei quali risale al 1999.

Un esempio di query SQL nella figura seguente:

Figura 44: esempio query SQL

6.5. AJAX

AJAX, acronimo di "**Asynchronous JavaScript and XML**", è una tecnica di sviluppo per la realizzazione di applicazioni web interattive.

Lo sviluppo di applicazioni HTML con Ajax si basa su uno scambio di dati in background fra web browser e server, che consente l'aggiornamento dinamico di una pagina web senza esplicito ricaricamento da parte dell'utente. Ajax è asincrono nel senso che i dati extra sono richiesti al server e caricati in background senza interferire con il comportamento della pagina esistente.

Normalmente le funzioni richiamate sono scritte con il linguaggio javascript. Tuttavia, e a dispetto del nome, l'uso di javascript e di XML non è obbligatorio, come non è necessario che le richieste di caricamento debbano essere necessariamente asincrone.

Ajax è una tecnica multi-piattaforma utilizzabile su molti sistemi operativi, architetture informatiche e browser web, ed esistono numerose implementazioni open source di librerie e framework.

La tecnica Ajax utilizza una combinazione di:

- HTML (o XHTML) e CSS per lo stile.
- DOM (Document Object Model) manipolato attraverso un linguaggio come javascript per mostrare le informazioni ed interagirvi.
- l'oggetto XMLHttpRequest per l'interscambio asincrono dei dati tra il browser dell'utente e il web server.
- in genere viene usato XML come formato di scambio dei dati, anche se di fatto qualunque formato può essere utilizzato, incluso testo semplice, HTML preformattato, JSON. Questi file sono solitamente generati dinamicamente da script lato server.

Ajax non è una tecnologia individuale, piuttosto è un gruppo di tecnologie utilizzate insieme.

Le applicazione web che usano Ajax richiedono browser che supportano le tecnologie necessarie (quelle sopra citate).

Questi browser includono: Firefox, Opera, Konqueror, Safari, Internet Explorer e Chrome.

Una chiamata Ajax, per il browser Chrome, è fatta nel modo seguente:

```
var xmlhttp;
xmlhttp = new XMLHttpRequest();
xmlhttp.onreadystatechange = function()
{
    if (xmlhttp.readyState == 4 && xmlhttp.status == 200)
    {
        /*aggiorna la pagina dopo che la chiamata è completata*/
    }
}
```

```
}
xmlhttp.open("POST", host_url, true);
xmlhttp.send(params);
```

Figura 45: esempio di chiamata AJAX

6.6. jQuery

jQuery è una libreria di funzioni javascript per le applicazioni web, che si propone come obiettivo quello di semplificare la programmazione lato client delle pagine HTML.

Tramite l'uso della libreria jQuery è possibile, con poche righe di codice, effettuare svariate operazioni, come ad esempio ottenere l'altezza di un elemento, o farlo scomparire con effetto dissolvenza.

Anche la gestione degli eventi è completamente standardizzata, automatica.

Stessa cosa per quanto riguarda l'utilizzo di Ajax, in quanto sono presenti alcune funzioni molto utili e veloci che si occupano di istanziare i giusti oggetti ed effettuare la connessione e l'invio dei dati.

Per esempio se si vuole far scomparire con l'effetto di dissolvenza un elemento, il codice sarà il seguente:

```
$('selector').hide('slow').fadeOut();
```

Figura 46: codice jQuery per far scomparire con dissolvenza un elemento

6.7. JSON

Il JSON, acronimo di "**JavaScript Object Notation**" è un tipo di formato per l'interscambio di dati molto leggero. È basato su un sottoinsieme del linguaggio JavaScript. JSON è un formato di testo che è completamente indipendente dal linguaggio, ma usa le convenzioni che sono familiari ai programmatori della famiglia dei linguaggi C, come C, C++, C#, Java, JavaScript, Perl, Python e diversi altri. Queste proprietà permettono al JSON di essere un linguaggio ideale per l'interscambio di dati.

JSON è costruito su due strutture:

- Una collezione di coppie nome/valore. In diversi linguaggi questa collezione è realizzata come un oggetto, un record, una struct, un dizionario, un hash table o come degli array associativi.

- Una lista ordinata di valori. In molti linguaggi è realizzata come un array, un vettore, una lista o una sequenza.

Queste sono tutte strutture di dati universali. Praticamente tutti i moderni linguaggi di programmazione supportano tali strutture in una forma o nell'altra. Ha senso quindi che un formato per l'interscambio di dati tra linguaggi di programmazione sia anch'esso basato su tali strutture.

Il formato dell'oggetto JSON prenderà dunque questa forma:

- Un *oggetto* non ordinato riempito con coppie nome/valore. Tale oggetto inizia con "{" (parantesi graffa aperta) e termini con "}" (parentesi graffa chiusa). Ogni nome è seguito da ":" (due punti) e le coppie nome/valore sono separate da una "," (virgola).

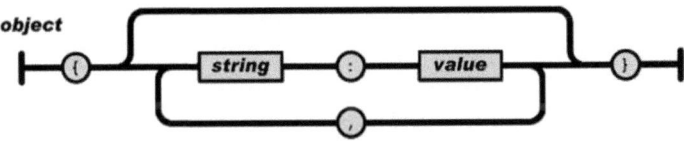

Figura 47: un oggetto in JSON

- Gli *array* sono una collezione ordinata di valori. Iniziano con "[" (parentesi quadra aperta) e terminano con "]" (parentesi quadra chiusa). I valori sono tutti separati da una "," (virgola).

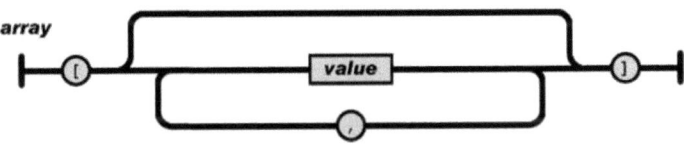

Figura 48: un array in JSON

- Un *valore* può essere una *stringa* con le doppie virgolette, un *numero*, *TRUE* o *FALSE* o *null*, un *oggetto* o un *array*.

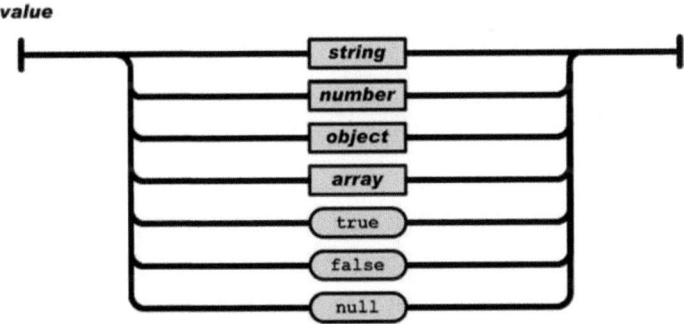

Figura 49: un valore in JSON

- Una *stringa* è una sequenza di zero o più caratteri Unicode, circondati da doppi apici, usando il backslash come escape. Un carattere è rappresentato da una stringa con un singolo carattere. Una stringa è molto simile alla stringa in C o in Java.

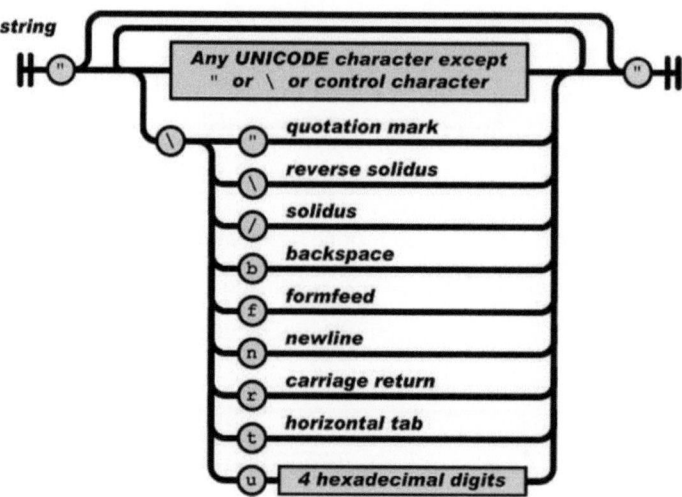

Figura 50: una stringa in JSON

- Un *numero* è molto simile ai numeri in C o in Java, ad eccezione per la forma ottale e esadecimale che non sono usate.

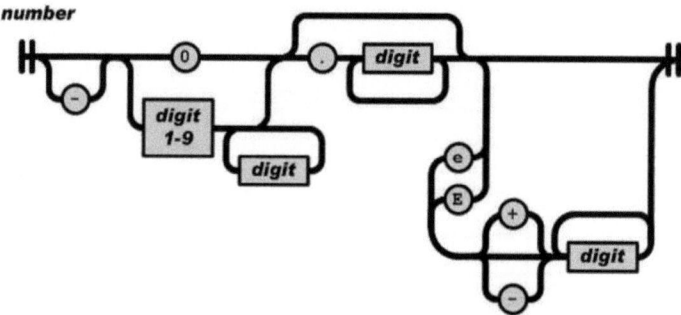

Figura 51: un numero in JSON

- Gli spazi bianchi possono essere inseriti tra ogni coppia di argomenti. Ad eccezione di un paio di dettagli per la codifica, che descrivono completamente il linguaggio.

6.8. Java per Android

Il linguaggio per applicazioni Android è un dialetto del linguaggio Java. Anche la virtual machine è diversa (Dalvik).

Nella tipica applicazione Android non c'è un entry point (metodo "main") da dove normalmente un programma comincia a caricare le sue parti software e avviarsi: tutto è pensato per essere un "componente" pilotato dagli eventi ("Event Driven") dell'hardware o di altri componenti.

Questo paradigma fa sì che il programmatore sviluppi per ogni hardware delle routine il più possibile indipendenti. Un vantaggio è che il sistema operativo potrà ottimizzare le risorse, ad esempio rinunciando a caricare componenti (e hardware) non supportati o non prioritari perché inutilizzati.

I componenti possono condividere le loro funzionalità: se ad esempio un videogioco trova installato nel dispositivo un programma che ritocca le fotografie appena scattate con la webcam, può avviarlo (se l'utente glielo consente) per permettere all'utente di ritoccare tali foto, sceglierne una e "farsela passare" per scopi ludici. Il tutto con una interfaccia grafica perfettamente integrata e quindi senza tante aperture e chiusure di programmi. Ma soprattutto, il programmatore di videogiochi è così sollevato dall'onere di dover creare un sotto progetto per implementare una funzionalità già esistente sotto altra forma.

Dalvik virtual machine

Dalvik è una macchina virtuale, progettata da Dan Bornstein, dipendente Google, ed è uno dei componenti di Android. È ottimizzata per sfruttare la poca memoria presente nei dispositivi mobili, consente di far girare diverse istanze della macchina virtuale contemporaneamente e nasconde al sistema operativo sottostante la gestione della memoria e dei thread.

Dalvik è spesso associato alla Macchina virtuale Java, anche se il bytecode con cui lavora non è Java. Altre differenze con la JVM tradizionale sono la mancata gestione delle eccezioni e l'architettura a registri. Dalla versione 2.2 include un compilatore Just In Time per migliorare le prestazione della macchina virtuale.

7. Test

La fase di test è stata la più importante, poiché mi ha permesso di scoprire i diversi tipi di problemi dell'applicazione che, in fase di scrittura del codice, non avevo considerato.

I test sono stati effettuati sia da me sia dai miei amici e compagni possessori di dispositivi Android.

Il test dell'applicazione mobile consisteva nell'eseguire l'applicazione su diverse versioni del sistema operativo Android, dalla 2.2 Froyo alla 4.1.2 Jelly Bean e con risoluzioni degli schermi molto differenti tra loro.

Il passaggio tra le diverse versioni e dispositivi, mi ha consentito di correggere il problema che si presentava quando veniva ruotato lo schermo, andando in modalità "**landscape**". Non essendo presente un file con il layout per questo tipo di visualizzazione, gli elementi della UI tendevano a sovrapporsi in modi non voluti. È stato necessario quindi aggiungere una proprietà al progetto per bloccare la visualizzazione dell'applicazione alla sola modalità "**portrait**", impedendo così al sistema di ruotare l'applicazione.

Il test effettuato su dispositivi aventi schermi con diversa risoluzione mi ha permesso di ottimizzare il codice del layout.

Dove avevo inserito dei valori assoluti per distanze o dimensioni, l'ho ritoccato in modo che venissero scalati in base alla risoluzione del dispositivo.

Il test effettuato sull'estensione per il browser Chrome mi ha permesso di rendere l'interfaccia il più *user friendly* possibile.

Nella fase di registrazione è stata aggiunta la voce di conferma password. Inizialmente non era stato pensato questo passaggio, ma se ne è evidenziata la necessità dopo che un utente si è iscritto digitandola in modo errato. L'involontario errore gli ha precluso la possibilità di cancellarsi e di effettuare l'accesso.

Questi test mi hanno permesso, infine, di scoprire la composizione delle URL delle pagine internet per i dispositivi mobile, per poterle se necessario convertire nel formato desktop nella fase di inserimento nel database.

Le pagine che sono visualizzate in formato mobile trovate fino ad adesso, hanno come prefissi:

- http://m.
- http://mobile.
- http://wap.

Oltre ai formati precedenti ho notato due casi particolari: Google Maps o in generale le pagine collegate con Google e Wikipedia.

Maps anch'esso inizia per "m.", ma converte in automatico l'indirizzo quando viene visualizzato sul desktop. Non è stato dunque necessario effettuare la conversione dei link provenienti dalle URL che iniziamo per "http://m.google.".

Per quanto riguarda Wikipedia, l'indirizzo della sua visualizzazione mobile è "http://it.m.wikipedia", diverso quindi da quelli sopra elencati. Ho dovuto a questo punto creare appositamente una regola per tali pagine che rimuovesse la "m." dall'indirizzo, permettendo così all'utente di visualizzarlo nel modo corretto.

8. Miglioramenti futuri e conclusioni

L'applicazione è scritta completamente in lingua italiana, bisognerà aggiungere il supporto ad altre lingue per dar modo a molti più utenti di utilizzarla.

Dovrà poi essere aggiunta la possibilità di condividere i link non solo sul proprio account dell'estensione, ma anche ad un amico o ad una cerchia di amici.

Bisognerà cercare di mantenere aggiornata la lista dei siti che si devono convertire, per rendere il più possibile compatibile l'applicazione con sempre più siti che hanno una visualizzazione mobile.

In conclusione questa tesi triennale mi ha permesso di analizzare e meglio comprendere la tecnologia su cui è basato il sistema operativo Android, invogliandomi a produrre in futuro nuove applicazioni.

Grazie ad essa ho potuto conoscere più da vicino il mondo che circonda le estensioni di Google Chrome e sfruttare le loro potenzialità per crearne una a mia volta.

Non solo, ma mi ha permesso di consolidare le mie basi sui linguaggi appresi in questa triennale, approfondendo in particolare il linguaggio server side PHP e di apprendere nuove tecniche per la comunicazione con i server come Ajax e il formato per la trasmissione di dati JSON.

Conoscere le librerie messe a disposizione da jQuery mi ha consentito di approfondire le tecniche di programmazione client side.

Indice immagini

Figura 1: ciclo di vita di una Activity 7

Figura 2: estensione Select to get maps 12

Figura 3: estensione Google Avvisi email 13

Figura 4: estensione Iscrizioni RSS 13

Figura 5: versioni di Android installate ai primi di Settembre 2012 .. 14

Figura 6: logo della tecnologia AirPlay di Apple 15

Figura 7: logo di Phone 2 Google Chrome™ browser 16

Figura 8: logo Android2Chrome 17

Figura 9: a sinistra, scelta opzione "condividi" dal menu, a destra, scelta dell'applicazione "Android2Chrome" 18

Figura 10: schermata dell'applicazione pronta alla condivisione 19

Figura 11: schermata durante il trascinamento del link 20

Figura 12: schermata all'invio del link 20

Figura 13: schermata di invio con successo 21

Figura 14: schermata di errore di invio link 22

Figura 15: class diagramm dell'applicazione Android 23

Figura 16: splashscreen di Android2Chrome 25

Figura 17: schermata dell'applicazione se non si sta condividendo niente 26

Figura 18: schermata di scelta dell'account da sincronizzare 27

Figura 19: schermata di modifica dell'account 28

Figura 20: signature della classe SendUrl.java 30

Figura 21: signature della classe Logout.java 31

Figura 22: schermata di scelta della connessione 32

Figura 23: la pagine del tutorial 34

Figura 24: posizione logo dell'estensione Android2Chrome 34

Figura 25: registra nuovo account 35

Figura 26: messaggio di registrazione effettuata con successo 35

Figura 27: messaggio di errore per email già presente 36

Figura 28: file manifest.json 37

Figura 29: menu dell'estensione 39

Figura 30: schermata di login 40

Figura 31: schermata con login effettuato 41

Figura 32: schermata della cronologia dell'estensione 41

Figura 33: pagina della opzioni 43

Figura 34: notifica di un link da visualizzare 44

Figura 35: notifica di nessun account connesso 44

Figura 36: tooltip con un link da visualizzare 45

Figura 37: tooltip nel caso che nessun account sia connesso 45

Figura 38: definizione della tabella users 46

Figura 39: definizione della tabella sended 46

Figura 40: funzionamento di una richiesta HTTP ad un server PHP .. 55

Figura 41: esempio di pagina HTML 57

Figura 42: esempio di CSS 59

Figura 43: schermata principale di phpMyAdmin 60

Figura 44: esempio query SQL 61

Figura 45: esempio di chiamata AJAX 63

Figura 46: codice jQuery per far scomparire con dissolvenza un
elemento 63

Figura 47: un oggetto in JSON 65

Figura 48: un array in JSON 65

Figura 49: un valore in JSON... 65

Figura 50: una stringa in JSON... 66

Figura 51: un numero in JSON 66

Bibliografia

LIBRI

Android Programming, Edizioni Master

SITI

Android Developer	http://developer.android.com/index.html
Chrome Extension	https://developer.chrome.com/extensions/
jQuery	http://jquery.com/
JSON	http://www.json.org/
AJAX	http://www.w3schools.com/ajax
StackOverflow Community	http://stackoverflow.com/
HTML.it Community	http://www.html.it

Printed by Books on Demand GmbH, Norderstedt / Germany